EN VOZ ALTA

María Vélez Gallo

editorial graviola

Derechos de autora:
María Vélez Gallo ©

Fotografías:
María Vélez Gallo ©
PG 36: Luis Rojas ©

Editorial Graviola
Edición de texto:
Daniel Franco Sánchez

Diseño editorial:
Daniel Franco Sánchez

Foto de autora:
María Salazar

Primera edición:
Marzo 2026, Pamplona, España

www.editorialgraviola.com
editorialgraviola@gmail.com

ISBN: 978-84-128542-6-8
Depósito legal: DL NA 312-2026

EN VOZ ALTA

María Vélez Gallo

editorial graviola

ÍNDICE

EN VOZ ALTA

RIADA

Mi memoria
es un río embravecido.

Oleadas de agua que avanzan
inundando mis ojos
y extendiendo mi sensibilidad
sobre tu piel callada.

El río suena
y envuelve mis noches;
canción eterna de vida
y distancia.

ANFIBIA

En dónde vives tú,
amor mío.
En un pozo de agua oscura y densa
por donde el mundo no puede pasar,
contemplando los reflejos
de una vida compartida,
atragantada de sueños.
En tu vigilia hecha lluvia,
rociando la mañana…
son tus ojos
que se cierran para orar.

De salto en salto
repasas tu pertenencia,
recorres y adivinas
el tamaño de tu cuerpo,
y nocturna
te haces canción.

Eres pequeña
en ese lugar que habitas,
quieres ser inocente,
pero ya el tiempo
empantanó tu mirada.

Anfibia,
tarde o temprano
una clara luz
vendrá a buscarte entre tus rocas
y justo entonces,
riada de gratitud,
saldrás a respirar.

MÜGGELSEE

Nos montamos en el tren cargando la ropa mojada y las ilusiones en una bolsa plástica. El sol en su víspera, evidenciada en mi piel, dejaba su juventud en ese pueblo accidental. Tus ojos cansados rodaban por el piso, y en un silencio unísono, esperábamos como quien espera en su puesto al olvido, compañero que llega siempre después.

INDULGENCIA

Si nos perdonan,
ya no habrá fantasmas.
Si cantamos como suena la noche
aprenderemos a caminar en soledad.
Caerá el día sin sentir
la compañía de un error,
y ya no tendremos que aferrarnos
con las uñas
a una súplica seca
lanzada contra la pared.

ESPECTROGRAMA

Te veo en el invierno,
yo expectante, tu inaccesible,
emitiendo frecuencias bajas y anglicismos
mientras que mi voz apenas se escucha
cerca de los 200 hertz.

Te veo en este invierno
preparado y consecuente a
una guerra que solo aparece en la pantalla,
de pronto en un encuentro accidental
en uno de los muchos Spätis de tu calle,
en un encuentro accidental y atropellado,
como el primero,
cuando pensé que eras argentino
pero después sonreíste diciendo
sweetheart
y yo esquivé mi voz.

Desde ese momento supe
tu boca es una redundancia de tu vacío,
un pasaje de cadencias
que me arrullan inadvertida
hacia nuestra larga noche.

RONDA

Recibo tus caricias
tu tacto luminoso
recibo tu visita
para bañarme contigo
de ti
te inclinas para besarme
y yo te entrego mi frente
me pintas de niña con tu soplo
me haces lucero, eco de tu luz
me llevas contigo
a un espacio vacío
de repente apareces
en una esquina de la casa
regando tu lágrima soleada
o ardiendo en tu centro
respiras en grandes bocanadas
exhalas y desapareces
si pudiera verte también diría
algo de tu belleza
pero solo eres mi amante
amador hialino.

Con mis ojos cerrados
encuentro la luz de los días.

LOMA

El día es un júbilo inalcanzable
y tu casa es su última hora de luz.

SONNENALLEE

Todas las luces
que había estado esperando
entraron ese día por tu ventana.
Veíamos esa película francesa,
la que tanto te gusta de Rhomer,
hacías de mí
tu vacío endeble,
ocupabas la cama entera,
el día entero,
y todos los lugares
que no había estado esperando.

BORDE

Corro de ansias
hasta la quietud.
Corro
hasta aquel borde de la memoria
que arrebata un pulso
para ir al encuentro,
al hondo sonido
del abismo.

JACAMARÁS

De la montaña al occidente, migramos para ver
   morir al sol sobre una pila de cemento.

Renunciamos a los atardeceres volcánicos sobre
   el campo para ganar las noches planetarias
   y sin estrellas.

Llegamos a una ciudad-memento,
   ciudad-pantano, ciudad-obra.

Todo lo que vimos desde el cielo ahora es carne
   y nacimiento.

Ahora sobrevolamos la circunferencia del
   invierno, quedando por fuera del registro
   del tiempo.

Nos extrañamos ante lo que somos, y con el
   verbo de una lengua ajena nos traemos de
   nuevo a la vida.

Pero debajo del ala de ave que somos nos queda
un poco del calor del nido perdido. Debajo
del río congelado aún nos queda nuestra
sed.

Ave-madre
Ave-hija
Aves amadoras
Aves disueltas.

Hay tantos nortes entre nosotras.

Agitemos la mañana cantando.

MADRE

Mansa,
mínima,
yo.

Tú menguante
mientas me vestías,
mostrando silencio
entre tus dientes,
meciendo el tiempo
mirándole triste,
amándome.

Te estás muriendo.

VESTIDURA

Aquí me tienen:
el cólera
ardiendo en mi cara
y el goce
suavizando mis sentencias,
cubriendo tu rostro en mi memoria.

Aún así te imagino,
desfigurado,
confiando en que esta cama
me cuidará del encuentro
y de mi hábito,
vestidura enferma.

La noche me queda grande.

HERIDA

Hay un camino vacío
que hace tu voz
y una palabra que punza
detrás de mi lengua.

Alguna vez habrá sonado
el abrir
y cerrar de mis labios
como el despegar silente de un ave.

LABOR

Cuando el techo ya no me ofrece nada, cuando
ya me he tomado todos los cafés de mis
esquemas y he conjugado todos mis errores,
justo en esa hora que le sobra al día, llegas
cargando tu nombre.

TAREA

Pídeme lo que quiera
con su mirada de extranjero.

En el salón de clases
en el salón de su casa
lecciones para domar
un placer intrusivo.

Usted

Yo empujando con mis piernas
la vergüenza
que tiñe mi memoria de mujer.

MAITINES

Yo vivo aquí aunque no quiera,
aunque el señor del lado lo ponga en duda,
aunque del hogar solo me quede la infancia.

Aquí acontecen mis días
como el rocío que visita mis párpados
con delicada paciencia.

Cuando la iglesia alza su canto
dejo caer mis pies sobre la ventana,
y los años caen como cuerpo inerte.

Juntos escuchamos
la insistencia de la vida.

Entre estos muros
duermo sola
como y discuto sola,
en mis pesadillas soy yo
quien cuida a la madre,
y al eco de las campanas
responde mi voz:

La espera es desmedida
la espera es una farsa.

LOMA

El día es un júbilo inalcanzable
y tu casa es su última hora de luz.

PÁJARO ARRIBA

Ahora que me he ido
se abre espacio para el recuerdo:
un cielo acariciando la montaña,
una foto pegada con un chinche
al mosaico familiar,
una navidad alegre
entre tutainas,
tus ojos almendrados
en la sonrisa de mi padre,
y el olor de tu casa
en donde no te conocí.

Ahora que me he ido
apareces tú en mi ausencia

y así permaneces:
Pájaro silencioso
volando sobre su propio nido.

A mi abuela Sara.

VISTA

A través de ti
puedo ver el sol caer.
Ya posado sobre la última línea,
separa los azules
y señala con su gesto
nuestra distancia.

No se trata de ti
ni de tu cuerpo diáfano,
sino de la configuración extraña
que te tiene a mi lado
-encima, debajo, delante, de espaldas,
de cabeza, sosteniéndome, empujando,
dentro y fuera de mí-,
mientras que la gravedad de esa delgada línea
nos arrastra,
todo va cayendo detrás de ti,
y yo la miro y mis ojos brillan tantísimo
y pienso: ¿no la ves?

Otra forma de hablar

La experiencia de lectura continúa con la escucha de *Estudio de un invierno*, un EP compuesto por María Vélez Gallo como parte inseparable de esta obra. No se trata de un complemento ni de un material adicional, sino de una extensión sensible del libro, un territorio sonoro donde lo leído encuentra otra forma de resonar.

EN VOZ ALTA

María Vélez Gallo

También disponible en
E-book

María Vélez Gallo

(Medellín, Colombia, 1998)
Psicóloga por la Universidad EAFIT. Tras graduarse, se trasladó a Berlín, donde vivió durante cuatro años y atravesó un proceso de búsqueda personal y espiritual que dio origen a su escritura. Posteriormente cursó una maestría en Artes en Plymouth Marjon University, con énfasis en prácticas de escucha.

Su trabajo cruza poesía, música y fotografía analógica, y se interesa por los gestos mínimos y los acontecimientos cotidianos. En su práctica, María utiliza la escucha reiterada de la propia voz —en la escritura— y herramientas de análisis y síntesis espectral —en la música— como formas de transformación de las palabras y los sonidos que dan origen a sus obras.

Este es su primer libro publicado, y su aparición marca el cierre de un ciclo vital del que nace y al que da forma.

Otros títulos del catálogo de Editorial Graviola:

- *Patios interiores* Laura Estrada

- *Estación permanente* José Antonio Funes

- *Las casas se caen en verano* Florencia del Campo

- *Ismenia decide jamás decidir* Claudio Castro Filho

- *Árbol de familia* María Rosa Lojo

- *Análogo al silencio* Daniel Franco Sánchez

- *Las vacas flacas* Abraham Valera

editorialgraviola.com/catalogo

editorialgraviola.com